Für ....

Anke Kuhl

GENIALE GESCHENKE

Weitere Comics von Anke Kuhl:
Lehmriese lebt! (Reprodukt, 2015)
Manno! Alles genau so in echt passiert (Klett Kinderbuch, 2020)

Für Jutta

GENIALE GESCHENKE
Copyright © 2020 Anke Kuhl - Kibitz Verlag
Herstellung: Klara Groß
Druck: Balto Print, Vilnius, Litauen
Alle Rechte vorbehalten.
ISBN 978-3-948690-04-5
Erste Auflage: Mai 2020

Erschienen im
Kibitz Verlag
Michael Groenewald und Sebastian Oehler
Comicverlag GbR
Lütticher Str. 7
13353 Berlin

info@kibitz-verlag.de
www.kibitz-verlag.de